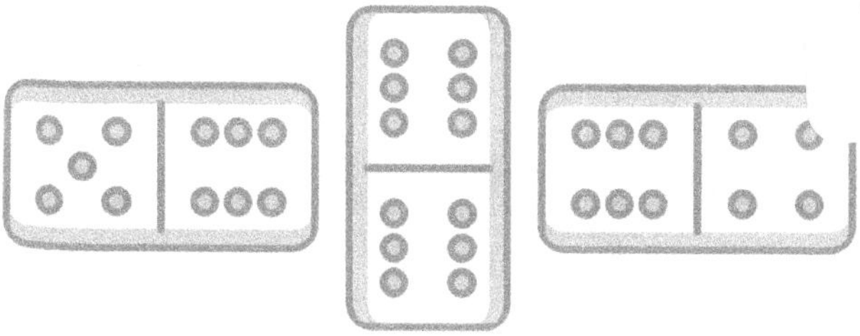

PROPIETARIO

AÑO

CONTACTO

NOSOTROS		ELLOS	
PARCIAL	TOTAL	PARCIAL	TOTAL

Nosotros		Ellos	
Parcial	Total	Parcial	Total

Nosotros		Ellos	
Parcial	**Total**	**Parcial**	**Total**

NOSOTROS		ELLOS	
PARCIAL	TOTAL	PARCIAL	TOTAL

Nosotros		**Ellos**	
Parcial	**Total**	**Parcial**	**Total**

Nosotros		Ellos	
Parcial	Total	Parcial	Total

Nosotros		Ellos	
Parcial	Total	Parcial	Total

Nosotros		Ellos	
Parcial	Total	Parcial	Total

Nosotros		Ellos	
Parcial	**Total**	**Parcial**	**Total**

Nosotros		Ellos	
Parcial	Total	Parcial	Total

Nosotros		Ellos	
Parcial	Total	Parcial	Total

Nosotros		Ellos	
Parcial	Total	Parcial	Total

Nosotros		Ellos	

Parcial	Total	Parcial	Total

Nosotros		Ellos	
Parcial	Total	Parcial	Total

Nosotros		Ellos	
Parcial	Total	Parcial	Total

Nosotros		Ellos	
Parcial	Total	Parcial	Total

Nosotros		Ellos	
Parcial	Total	Parcial	Total

Nosotros		Ellos	
Parcial	**Total**	**Parcial**	**Total**

Nosotros		Ellos	
Parcial	Total	Parcial	Total

Nosotros		Ellos	

Parcial	Total	Parcial	Total

Nosotros		Ellos	
Parcial	**Total**	**Parcial**	**Total**

Nosotros		Ellos	
Parcial	Total	Parcial	Total

Nosotros		Ellos	
Parcial	Total	Parcial	Total

Nosotros		Ellos	
Parcial	Total	Parcial	Total

Nosotros		Ellos	
Parcial	Total	Parcial	Total

Nosotros		Ellos	
Parcial	Total	Parcial	Total

Nosotros		Ellos	
Parcial	Total	Parcial	Total

Nosotros		Ellos	
Parcial	Total	Parcial	Total

Nosotros		Ellos	
Parcial	Total	Parcial	Total

Nosotros		Ellos	
Parcial	Total	Parcial	Total

Nosotros	Ellos

Parcial	Total	Parcial	Total

NOSOTROS

ELLOS

PARCIAL	TOTAL	PARCIAL	TOTAL

Nosotros		Ellos	
Parcial	**Total**	**Parcial**	**Total**

Nosotros		Ellos	
Parcial	Total	Parcial	Total

Nosotros		Ellos	
Parcial	**Total**	**Parcial**	**Total**

Nosotros		Ellos	
Parcial	Total	Parcial	Total

Nosotros		Ellos	
Parcial	Total	Parcial	Total

Nosotros		Ellos	
Parcial	Total	Parcial	Total

Nosotros		Ellos	

Parcial	Total	Parcial	Total

Nosotros		Ellos	
Parcial	Total	Parcial	Total

Nosotros		Ellos	

Parcial	Total	Parcial	Total

Nosotros		Ellos	
Parcial	**Total**	**Parcial**	**Total**

Nosotros		Ellos	
Parcial	Total	Parcial	Total

Nosotros		Ellos	
Parcial	Total	Parcial	Total

NOSOTROS		ELLOS	
PARCIAL	TOTAL	PARCIAL	TOTAL

Nosotros		Ellos	
Parcial	**Total**	**Parcial**	**Total**

Nosotros		Ellos	
Parcial	Total	Parcial	Total

Nosotros		Ellos	
Parcial	Total	Parcial	Total

Nosotros		Ellos	
Parcial	Total	Parcial	Total

Nosotros		Ellos	

Parcial	Total	Parcial	Total

NOSOTROS		ELLOS	
PARCIAL	TOTAL	PARCIAL	TOTAL

Nosotros		Ellos	
Parcial	**Total**	**Parcial**	**Total**

Nosotros		Ellos	
Parcial	Total	Parcial	Total

Nosotros		Ellos	

Parcial	Total	Parcial	Total

Nosotros		Ellos	
Parcial	**Total**	**Parcial**	**Total**

Nosotros		Ellos	
Parcial	Total	Parcial	Total

Nosotros		Ellos	

Parcial	Total	Parcial	Total

Nosotros	Ellos

Parcial	Total	Parcial	Total

Nosotros		Ellos	
Parcial	Total	Parcial	Total

Nosotros		Ellos	
Parcial	Total	Parcial	Total

Nosotros		Ellos	
Parcial	Total	Parcial	Total

Nosotros			Ellos
Parcial	**Total**	**Parcial**	**Total**

Nosotros		Ellos	
Parcial	Total	Parcial	Total

Nosotros		Ellos	
Parcial	Total	Parcial	Total

Nosotros		Ellos	
Parcial	**Total**	**Parcial**	**Total**

NOSOTROS

ELLOS

PARCIAL	TOTAL	PARCIAL	TOTAL

Nosotros		Ellos	
Parcial	Total	Parcial	Total

Nosotros		Ellos	
Parcial	Total	Parcial	Total

Nosotros		Ellos	
Parcial	Total	Parcial	Total

Nosotros			Ellos	
Parcial	Total		Parcial	Total

Nosotros		Ellos	

Parcial	Total	Parcial	Total

Nosotros		Ellos	

Parcial	Total	Parcial	Total

Nosotros		Ellos	
Parcial	**Total**	**Parcial**	**Total**

Nosotros		Ellos	

Parcial	Total	Parcial	Total

Nosotros		Ellos	
Parcial	Total	Parcial	Total

Nosotros	Ellos

Parcial	Total	Parcial	Total

Nosotros — Ellos

Parcial	Total	Parcial	Total

Nosotros		Ellos	
Parcial	Total	Parcial	Total

Nosotros		Ellos	
Parcial	Total	Parcial	Total

NOSOTROS		**ELLOS**	
PARCIAL	**TOTAL**	**PARCIAL**	**TOTAL**

Nosotros		Ellos	
Parcial	Total	Parcial	Total

Nosotros		Ellos	
Parcial	Total	Parcial	Total

Nosotros		Ellos	
Parcial	Total	Parcial	Total

Nosotros	Ellos

Parcial	Total	Parcial	Total

Nosotros		Ellos	
Parcial	Total	Parcial	Total

Nosotros		Ellos	
Parcial	Total	Parcial	Total

Nosotros		Ellos	
Parcial	**Total**	**Parcial**	**Total**

Nosotros		Ellos	
Parcial	Total	Parcial	Total

Nosotros		Ellos	
Parcial	**Total**	**Parcial**	**Total**

Nosotros		Ellos	
Parcial	Total	Parcial	Total

Nosotros		Ellos	
Parcial	**Total**	**Parcial**	**Total**

Nosotros		Ellos	
Parcial	**Total**	**Parcial**	**Total**

Nosotros		Ellos	
Parcial	Total	Parcial	Total

Nosotros		Ellos	
Parcial	Total	Parcial	Total

Nosotros		Ellos	
Parcial	Total	Parcial	Total

Nosotros		Ellos	
Parcial	Total	Parcial	Total

Nosotros		Ellos	
Parcial	**Total**	**Parcial**	**Total**

NOSOTROS		ELLOS	
PARCIAL	**TOTAL**	**PARCIAL**	**TOTAL**

Nosotros		Ellos	
Parcial	Total	Parcial	Total

www.ingramcontent.com/pod-product-compliance
Lightning Source LLC
Chambersburg PA
CBHW072149230526
45467CB00042B/1400
* 9 7 8 1 7 0 3 6 5 2 7 5 8 *